石油石化企业安全风险管控系列

直接作业环节安全风险管控

中国石油化工股份有限公司胜利油田分公司　组织编写

中国石化出版社

内 容 提 要

本书为《石油石化企业安全风险管控系列口袋书》之一。在普及安全知识的基础上，针对直接作业环节作业，详细描述了用火、临时用电、进入受限空间、高处、动土、起重、盲板抽堵等作业所应采取的风险管控措施。

本书采用“十必问”形式，语言简练，通俗易懂，图文并茂，非常适合工矿企业从事直接作业的员工和企业承包商作为培训教材使用，也可供从事安全工作的技术人员和管理人员参考。

图书在版编目（CIP）数据

直接作业环节安全风险管控 / 中国石油化工股份有限公司胜利油田分公司组织编写. —北京：中国石化出版社，2020.6（2020.10重印）

（石油石化企业安全风险管控系列口袋书）

ISBN 978-7-5114-5836-0

Ⅰ. ①直… Ⅱ. ①中… Ⅲ. ①石油企业－工业企业管理－安全管理－中国 Ⅳ. ①F426.22

中国版本图书馆CIP数据核字(2020)第084819号

中国石化出版社出版发行

地址：北京市东城区安定门外大街58号

邮编：100011 电话：(010) 57512500

发行部电话：(010) 57512575

http://www.sinopec-press.com

E-mail:press@sinopec.com

北京富泰印刷有限责任公司印刷

全国各地新华书店经销

*

787 × 1092毫米32开本3.75印张58千字

2020年6月第1版 2020年10月第4次印刷

定价：35.00元

《石油石化企业安全风险管控系列口袋书》

编 委 会

《直接作业环节安全风险管控》

序 PREFACE

安全生产，重于泰山。安全生产必须严格执行《中华人民共和国安全生产法》等法律法规，遵循科学规律，压实责任主体，构建逐级风险管控和隐患排查治理“双重”机制，强化高风险作业许可和过程监管，抓细抓实现场安全管理，突出培训教育，从源头遏制各类生产安全事故的发生。

长期以来，石油石化行业深入贯彻习近平总书记关于安全生产重要指示精神，认真落实党中央和国务院重要部署，层层紧抓责任落实，安全生产状况进一步好转。但同时，必须清醒地认识到安全生产形势依然复杂严峻，应牢固树立居安思危、警钟长鸣的防范意识，认真分析新情况、新问题，多角度、全方位探索有效的安全防范措施，稳步夯实安全生产根基，切实保护员工生命健康和安全。

安全生产不仅与作业有关，也与生活密切相关。石油石化下属企业较多，驻地比较分散，既涉及多行业现场生产作业，又涉及生产保障、后勤服务，风险管控的项点多且分散。因此，编写一套石油石化企业安全风险管控指导用书尤为必要。

鉴于此，中国石化胜利油田分公司组织多名有丰富现场安全管理经验和专业技术知识的人员编写了本系列口袋书。本系列口袋书共有三个分册，第一分册主要讲述直接作业环节安全风险管控知识，第二分册主要讲述生产保障作业安全风险管控知识，第三分册主要讲述后勤服务环节安全风险管控知识。相信，本系列口袋书的出版会对各级安全管理人员和操作人员起到一定的学习和借鉴作用。

前言

石油石化行业中直接作业环节比较多，尤其是石油与天然气勘探、开采、管输、炼化、污水处理等工作，经常涉及用火、临时用电、进入受限空间、高处、动土、起重、盲板抽堵等多方面作业，场所环境复杂，存在不同程度的空间狭小、机械设备多、作业交叉等特点，有的场所还伴有易燃易爆或有毒有害气体，需要从多个方面进行防范，风险管控的要求比较高。

从事故教训来看，高风险作业事故的发生，往往伴随多人伤害，造成较大损失，必须引起足够的重视。直接作业环节的安全管理要求，对于石油石化系统各行业具有普遍的借鉴意义。因此，作业单位应严格执行作业审批制度，强化安全管理，从严风险分析和管控，确保安全生产。

本书将直接作业环节中的主要风险项点，采用“十必问”的形式，图文并茂，抛砖引玉，希望对作业单位和作业员工在管控风险上，能够起到一定的帮助作用，杜绝不应有的损失，规避不应有的伤害。

目录

01

Chapter One

直接作业许可管理“十必问”

1. 必问是否做到“凡涉及用火、临时用电、进入受限空间、高处、动土、起重和盲板抽堵等作业必须实行作业许可管理，未经许可禁止相应作业”和“承包商在企业生产区域或其他临时性作业（日常及有程序指导的维修作业除外）必须实行许可管理”。

2. 必问是否做到“各单位是作业许可的实施主体，承担进入现场施工人员安全教育主要责任，承担高风险特殊作业许可管理培训工作主要责任”。

3. 必问是否做到“生产基层单位是作业许可的实施责任主体，负责参加作业人员的安全教育和作业现场的工艺、环境处理，满足作业安全要求；协助作业单位做好作业前的JSA分析和现场安全交底，落实现场监护和作业条件确认；按照审批权限进行作业许可审批；负责现场作业监护和作业结束的核实、关闭、现场恢复”。

4. 必问作业许可管理程序是否齐全（作业前的风险辨识、许可条件确认、许可证的申请、审批、实施和核验以及作业许可证管理、作业许可关闭）；作业过程是否做到全程视频监控。

5. 必问是否做到“作业现场负责人在作业许可前，组织人员运用JSA等方法进行危害识别及风险分析，根据识别与评价结果制定相应作业程序及安全措施”；作业过程是否做到全程视频监控。

6. 必问是否做到“安全监管部门是作业许可的监管责任主体，要对作业许可管理的执行情况实施监督管理；负责作业许可审批人、监护人的资质培训和认定；负责作业许可证的定期归档管理”；作业过程是否做到全程视频监控。

7. 必问各级业务主管部门是否履行作业许可管理主体责任（提供业务技术咨询和现场管理，对作业许可全过程的管理负责）；作业过程是否做到全程视频监控。

8. 必问是否做到“作业许可过程中，要从严控制作业次数、作业时限、作业人员和许可审批”；作业过程是否做到全程视频监控。

9. 必问是否做到“作业许可的审批人必须在现场确认和审批，作业过程全程视频监控”。

10. 必问是否做到“实施许可证高风险作业，应由建设单位和施工单位实施作业现场‘双监护’；作业完毕，经完工验收，确认无遗留安全隐患后，建设单位和施工单位双方签字完成作业许可关闭手续”；作业过程是否做到全程视频监控。

1. 必问是否做到“凡涉及用火、临时用电、进入受限空间、高处、动土、起重和盲板抽堵等作业必须实行作业许可管理，未经许可禁止相应作业”和“承包商在企业生产区域或其他临时性作业（日常及有程序指导的维修作业除外）必须实行许可管理”。

2. 必问是否做到“各单位是作业许可的实施主体，承担进入现场施工人员安全教育主要责任，承担高风险特殊作业许可管理培训工作主要责任”。

3. 必问是否做到“生产基层单位是作业许可的实施责任主体，负责参加作业人员的安全教育和作业现场的工艺、环境处理，满足作业安全要求；协助作业单位做好作业前的 JSA 分析和现场安全交底，落实现场监护和作业条件确认；按照审批权限进行作业许可审批；负责现场作业监护和作业结束的核实、关闭、现场恢复”。

4. 必问作业许可管理程序是否齐全（作业前的风险辨识、许可条件确认、许可证的申请、审批、实施和核验以及作业许可证管理、作业许可关闭）；作业过程是否做到全程视频监控。

5. 必问是否做到“作业现场负责人在作业许可前，组织人员运用 JSA 等方法进行危害识别及风险分析，根据识别与评价结果制定相应作业程序及安全措施”；作业过程是否做到全程视频监控。

6. 必问是否做到“安全监管部门是作业许可的监管责任主体，要对作业许可管理的执行情况实施监督管理；负责作业许可审批人、监护人的资质培训和认定；负责作业许可证的定期归档管理”；作业过程是否做到全程视频监控。

7．必问各级业务主管部门是否履行作业许可管理主体责任（提供业务技术咨询和现场管理，对作业许可全过程的管理负责）；作业过程是否做到全程视频监控。

8. 必问是否做到“作业许可过程中，要从严控制作业次数、作业时限、作业人员和许可审批”；作业过程是否做到全程视频监控。

9. 必问是否做到“作业许可的审批人必须在现场确认和审批，作业过程全程视频监控”。

10. 必问是否做到“实施许可证高风险作业，应由建设单位和施工单位实施作业现场‘双监护’；作业完毕，经完工验收，确认无遗留安全隐患后，建设单位和施工单位双方签字完成作业许可关闭手续”；作业过程是否做到全程视频监控。

[案例] 某石化企业污水罐爆炸事故

事故经过

2014 年 7 月 25 日，某石化企业承包商为含油污水调节罐增设氮封系统施工，用火配合人董某某和乙方监护人蔡某离开作业现场，现场只有用火人马某某 1 人在进行焊接作业。罐内气体从焊口处逸出，遇焊花发生闪燃，导致罐体爆破撕裂。

事故原因

安全措施未确认和严格执行，在未加有效盲板的情况下进行动火作业；用火监护人在作业过程中途擅自离开现场，未终止作业。

严格执行作业许可证了没有？
必须办理作业许可证，并严格执行。
危险
用火作业许可证
危险
临时用电作业许可证
危险
进入受限空间作业许可证
危险
高处作业许可证
危险
盲板抽堵作业许可证
危险
动土作业许可证
危险
起重作业许可证

02

Chapter Two

用火作业风险管控“十必问”

1. 必问是否已开展JSA风险分析，并制定相应程序和安全措施。

2. 必问用火设备内部构件是否清理干净，蒸汽吹扫或水清洗是否合格，是否达到用火条件。

3. 必问是否断开与用火设备相连接的所有管线（必要时，加盲板并执行盲板抽堵作业许可）。

4. 必问是否用火点周围（最小半径15m）的下水井、地漏、电缆沟等已清除易燃物，并已采取覆盖、铺砂、水封等手段进行隔离。

5. 必问是否做到“用火作业施工区域应设置警戒线，与用火作业无关人员及设备不应进入用火区域；用火作业人员应在用火点的上方向作业，并避开介质和封堵物可能射出的方向”。

6. 必问高处作业是否已采取防火花飞溅的措施。

7. 必问是否已清除用火点周围易燃物、可燃物。

8. 必问电焊回路线是否接在焊件上，把线不得穿过下水井或与其他设备搭接。

9. 必问是否做到乙炔气瓶（禁止卧放）、氧气瓶与火源间距的距离不得少于10m。

10. 必问现场是否配备灭火器、铁锹等防火器材。

1. 必问是否已开展 JSA 风险分析，并制定相应程序和安全措施。

用火作业分为特级、一级和二级用火三个级别。特级用火由二级单位业务主管领导审批签发，一级用火由基层单位领导审批签发，二级用火由基层单位业务管理人员审批签发。

2. 必问用火设备内部构件是否清理干净，蒸汽吹扫或水清洗是否合格，是否达到用火条件。

凡在生产、储存、输送可燃物料的设备、容器及管道上用火，应首先切断物料来源并进行可靠隔离；经彻底吹扫、清洗、置换后，打开人孔，通风换气；打开人孔时，应自上而下依次打开，经分析合格后方可用火。

3. 必问是否断开与用火设备相连接的所有管线（必要时，加盲板并执行盲板抽堵作业许可）。

日常维修实行每周 2 天集中用火。一张用火作业证只限一处用火，实行一处（一个用火地点）、一证（用火作业许可证）、一人（用火监护人），不能用一张许可证进行多处用火。

4. 必问是否用火点周围（最小半径 15m）的下水井、地漏、电缆沟等已清除易燃物，并已采取覆盖、铺砂、水封等手段进行隔离。

在用火前应清除现场一切可燃物，并准备好消防器材。用火期间，距用火点 30m 内严禁排放各类可燃气体；15m 内严禁排放各类可燃液体；10m 范围内及用火点下方不应同时进行可燃溶剂清洗或喷漆等交叉施工。

5. 必问是否做到“用火作业施工区域应设置警戒线，与用火作业无关人员及设备不应进入用火区域；用火作业人员应在用火点的上方向作业，并避开介质和封堵物可能射出的方向”。

6. 必问高处作业是否已采取防火花飞溅的措施。

在受限空间内进行用火作业、临时用电作业时，不允许同时进行刷漆、喷漆作业或使用可燃溶剂清洗等其他可能散发易燃气体、易燃液体的作业。

7. 必问是否已清除用火点周围易燃物、可燃物。

雨雪天、五级风以上（含五级）天气，原则上禁止露天用火作业。

8. 必问电焊回路线是否接在焊件上，把线不得穿过下水井或与其他设备搭接。

当可燃气体爆炸下限大于 4% 时，分析检测数据小于 0.5% 为合格；可燃气体爆炸下限小于 4% 时，分析数据小于 0.2% 为合格；在生产、使用、储存氧气的设备上进行用火作业，设备含氧量不应超过 23.4%。

9. 必问是否做到乙炔气瓶（禁止卧放）、氧气瓶与火源间的距离不得少于 10m。

10. 必问现场是否配备灭火器、铁锹等防火器材。

当设备、容器内有夹套、填料、衬里、密封圈等，有可能释放有毒、有害、可燃气体的，采样分析合格后超过 1h 用火的，须重新检测分析合格后方可用火。

[案例]某炼化企业承包商人身伤亡事故

事故经过

2015 年 2 月 4 日，某炼化企业承包商在工艺管廊下进行蒸汽凝液回收项目施工。期间，施工人员陈某擅自将作业地点转移至蒸汽伴热阀组附近，动火引起旁边的含油污水井闪爆，陈某受伤，送医院经抢救无效死亡。

事故原因

施工人员陈某未经批准，擅自变更用火地点，违章超范围进行焊接作业，导致受伤后死亡。

正在作业
注意安全
污水井
严禁擅自变更作业地点。

03

Chapter Three

临时用电作业风险管控“十必问”

1. 必问是否已开展JSA风险分析，并制定相应程序和安全措施。

2. 必问安装临时用电线路的人员是否持有电工作业操作证。

3. 必问是否做到“在防爆场所使用的临时电源、电气元件和线路要达到相应的防爆等级要求并有措施”。

4. 必问临时用电的单相和混用线路是否采用五线制。

5. 必问是否做到“临时用电线路架空线最大弧垂与地面距离在施工现场不小于2.5m，穿越机动车道不小于5m”。

6. 必问是否做到“临时用电线路架空连线不得采用裸线，不得在树上或脚手架上架设”。

7. 必问暗管埋设及地下电缆线路是否设有“走向标志”和“安全标志”，电缆埋深是否大于0.7m。

8. 必问现场临时用电配电盘、箱是否有防雨措施。

9. 必问临时用电设施是否安有漏电保护器；移动工具、手持式电动工具是否做到“一机一闸一保护”。

10. 必问是否做到“用电设备、线路容量、负荷符合要求；行灯电压不应超过 36V，在特别潮湿的场所或塔、槽、罐等金属设备内，不得超过 12V”。

1. 必问是否已开展 JSA 风险分析，并制定相应程序和安全措施。

临时用电是指在正式运行的电源上所接的非永久性用电。临时用电必须办理作业许可证，凭证作业。在运行的生产装置、罐区和具有火灾爆炸危险场所内不得随意接临时电源。

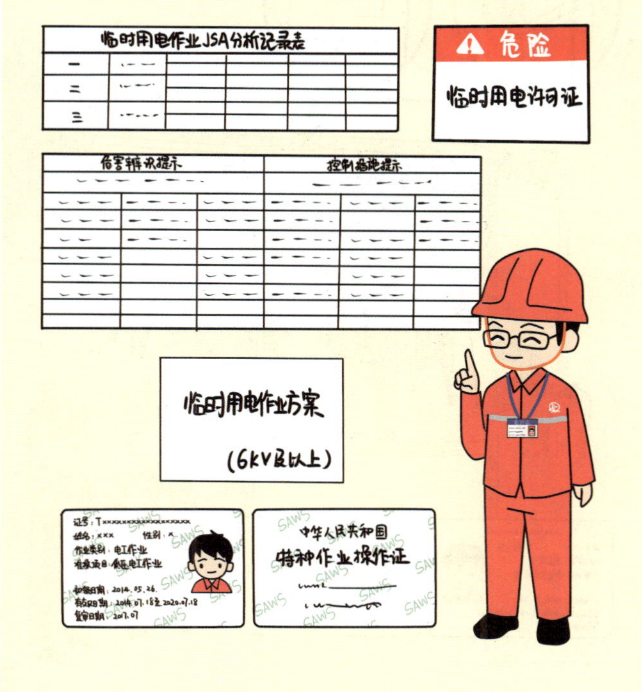

2. 必问安装临时用电线路的人员是否持有电工作业操作证。

现场临时用电配电盘、箱应有编号和防雨措施，离地距离不少于30cm；盘、箱、门牢靠关闭。在开关上接引、拆除临时用电线路时，其上级开关应断电上锁并加挂安全警示标牌。

3. 必问是否做到“在防爆场所使用的临时电源、电气元件和线路要达到相应的防爆等级要求并有措施”。

临时用电的电气设备周围不得存放易燃易爆物、污染源和腐蚀介质，否则应采取防护处置措施，其防护等级必须与环境条件相适应。临时用电的漏电保护器每天使用前必须进行漏电保护试验，严禁在试验不正常情况下使用。

4. 必问临时用电的单相和混用线路是否采用五线制。

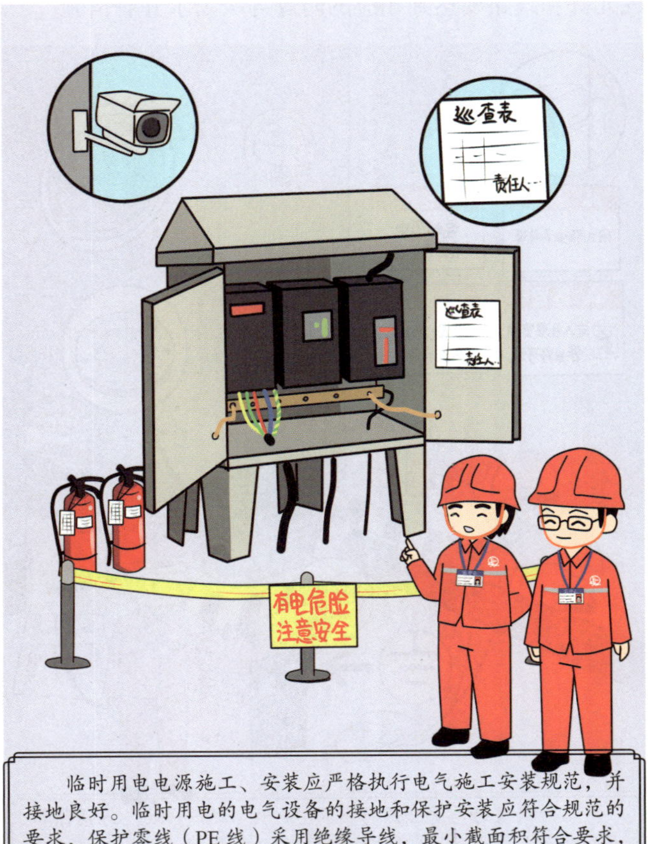

临时用电电源施工、安装应严格执行电气施工安装规范，并接地良好。临时用电的电气设备的接地和保护安装应符合规范的要求，保护零线（PE 线）采用绝缘导线，最小截面积符合要求，严禁装设开关或熔断器；工作零线（N 线）必须通过漏电保护器，通过漏电保护器的工作零线与保护零线之间不得再做电气连接。

5. 必问是否做到“临时用电线路架空线最大弧垂与地面距离在施工现场不小于 2.5m，穿越机动车道不小于 5m”。

在临时用电有效期内，如遇施工过程中停工、人员离开时，临时用电单位应从受电端向供电端逐次切断临时用电开关。重新施工时，须对线路、设备检查确认后方可送电。

6. 必问是否做到“临时用电线路架空连线不得采用裸线，不得在树上或脚手架上架设”。

7. 必问暗管埋设及地下电缆线路是否设有“走向标志”和“安全标志”，电缆埋深是否大于0.7m。

配送电单位送（停）电作业人员和施工单位安装临时用电线路的电气作业人员，应将临时用电设施纳入正常运行电气巡回检查范围，每天不少于2次巡回检查，并建立检查记录和隐患问题处理通知单，确保临时供电设施完好。

8. 必问现场临时用电配电盘、箱是否有防雨措施。

检修、施工使用 6kV 及以上临时电源，用电单位需编制临时用电方案，向单位电气主管部门提出申请，按照电气设备及运行管理规定的要求办理。

9. 必问临时用电设施是否安有漏电保护器；移动工具、手持式电动工具是否做到“一机一闸一保护”。

临时用电设施应做到“一机一闸一保护”，开关箱和移动式、手持式电动工具应安装符合规范要求的漏电保护器。

10. 必问是否做到“用电设备、线路容量、负荷符合要求；行灯电压不应超过 36V，在特别潮湿的场所或塔、槽、罐等金属设备内，不得超过 12V”。

［案例］某电厂施工触电事故

事故经过

2000 年 8 月 5 日上午 10 时，某电厂进行输气管线焊接施工，放置在发电机上的角向磨光机不慎掉入施工现场泥水中浸湿。后经简单烘干处理，未做测试，电工刘某戴普通防护手套去拿磨光机时触电倒下，经抢救无效死亡。

事故原因

手持式磨光机掉入泥水中后，未做全面彻底处理并测试，通电后外壳带电；配电箱无接地，无漏电保护器；电工未佩戴绝缘手套。

有电危险
触电了，
赶快断电、救人！
正确佩戴劳动防护用品，
标准操作临时用电作业。
有电危险

04

Chapter Four

进入受限空间作业风险管控“十必问”

1. 必问是否已开展JSA风险分析，并制定相应程序和安全措施。

2. 必问监护措施（视频监控、消防器材、救生绳、气防装备）是否已落实，严禁无防护救援。

3. 必问人员是否清楚受限空间存放有其他危害因素，如内部附件、集渣坑等；作业监护人是否清楚出入受限空间人数、工具。

4. 必问是否已检查受限空间内部，确保具备作业条件，清罐时是否使用防爆工具；是否已检查受限空间进出口通道，是否做到不得有阻碍人员进出的障碍物。

5. 必问是否做到“盛装可燃有毒液体、气体的受限空间，应分析可燃、有毒有害气体含量”。

6. 必问是否做到“盛装过可燃有毒液体、气体的受限空间，所有与受限空间有联系的阀门、管线加盲板隔离，列出盲板清单，并落实拆装盲板责任人；设备必须经过置换、吹扫、蒸煮”。

7. 必问是否做到“设备打开通风孔自然通风，温度适宜人员作业；必要时采取强制通风或佩戴空气呼吸器，但设备内缺氧时，严禁用通氧气的方法补充氧”。

8. 必问带有搅拌机的设备是否切断电源，是否挂“禁止合闸”标示牌，是否设专人监护。

9. 必问是否做到“在进入受限空间作业期间，严禁其他与该设备相关的试车、试压或试验工作及活动”。

10. 必问是否做到“进入受限空间作业人员（首先进入人员和最后出来人员）要携带与作业环境相适应的报警仪（包括可燃气、氧气、硫化氢等报警仪）”。

1. 必问是否已开展 JSA 风险分析，并制定相应程序和安全措施。

受限空间是指进出口受限，通风不良，可能存在易燃易爆、有毒有害物质或缺氧，对进入或探入人员的身体健康和生命构成威胁的封闭、半封闭设施及场所，如反应器、塔、釜、槽、罐、炉膛、锅筒、管道，以及地下室、窨井、坑（池）、下水道或其他封闭、半封闭场所。

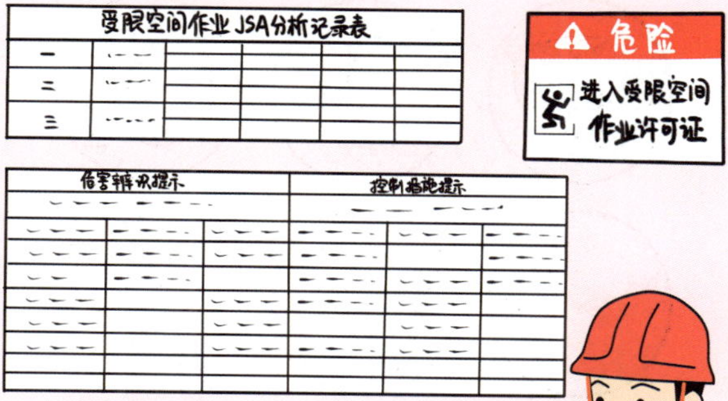

受限空间“三不进入”：
无进入受限空间作业许可证不进入；
监护人不在现场不进入；
安全措施不落实不进入。

2. 必问监护措施（视频监控、消防器材、救生绳、气防装备）是否已落实，严禁无防护救援。

在进入受限空间作业前，应切实做好工艺处理工作，将受限空间吹扫、蒸煮、置换合格；对所有与其相连且可能存在可燃可爆、有毒有害物料的管线、阀门加盲板隔离，不得以关闭阀门代替安装盲板。盲板处应挂标识牌。

3. 必问人员是否清楚受限空间存放有其他危害因素，如内部附件、集渣坑等；作业监护人是否清楚出入受限空间人数、工具。

对带有搅拌器等转动的部件设备，应在停机后切断电源，摘除保险或挂接地线，并在开关上挂“有人工作、严禁合闸”警示牌，必要时派专人监护。

4. 必问是否已检查受限空间内部，确保具备作业条件，清罐时是否使用防爆工具；是否已检查受限空间进出口通道，是否做到不得有阻碍人员进出的障碍物。

进入金属容器（炉、塔、釜、罐等）和特别潮湿、狭窄的非金属容器内作业，照明电压不大于12V。作业人员应穿戴防静电服装，使用防爆工具，严禁携带手机等非防爆通信工具和其他非防爆器材。

5. 必问是否做到“盛装可燃有毒液体、气体的受限空间，应分析可燃、有毒有害气体含量”。

作业前 30min 内，应根据受限空间设备的工艺条件对受限空间进行有毒有害、可燃气体、氧气含量分析，分析合格后方可进入。监测人员对受限空间监测时应采取有效的个体防护措施。

6. 必问是否做到“盛装过可燃有毒液体、气体的受限空间，所有与受限空间有联系的阀门、管线加盲板隔离，列出盲板清单，并落实拆装盲板责任人；设备必须经过置换、吹扫、蒸煮”。

7. 必问是否做到“设备打开通风孔自然通风，温度适宜人员作业；必要时采取强制通风或佩戴空气呼吸器，但设备内缺氧时，严禁用通氧气的方法补充氧”。

作业人员进入受限空间要佩带便携式气体报警仪，作业中应定时监测，至少每 2h 监测一次，如监测分析结果有明显变化，则应加大监测频率。

8. 必问带有搅拌机的设备是否切断电源，是否挂“禁止合闸”标示牌，是否设专人监护。

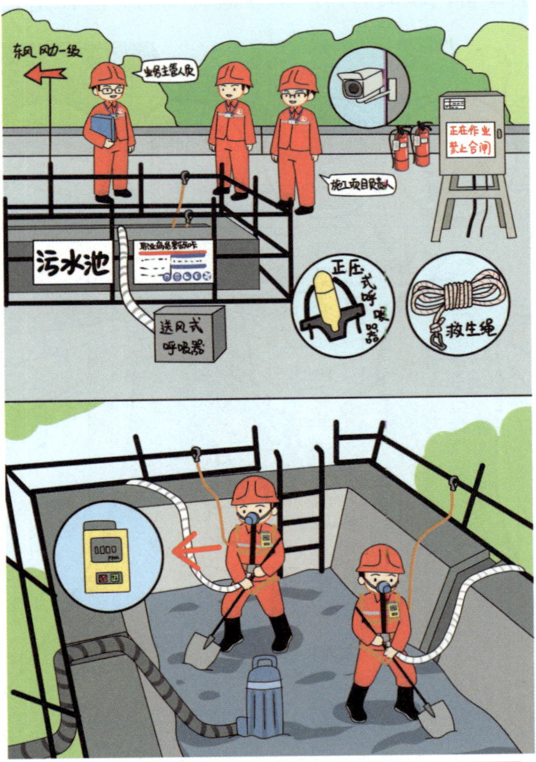

进入受限空间作业不得使用卷扬机、吊车等运送作业人员；作业人员所带的工具、材料须登记，禁止与作业无关的人员和物品进入受限空间。

9. 必问是否做到“在进入受限空间作业期间，严禁其他与该设备相关的试车、试压或试验工作及活动”。

进入受限空间作业期间，发生人员中毒、窒息的紧急情况，抢救人员必须佩戴隔离式防毒面具进入受限空间，严禁无防护救援，并至少有1人在受限空间外部负责联络。

10. 必问是否做到“进入受限空间作业人员（首先进入人员和最后出来人员）要携带与作业环境相适应的报警仪（包括可燃气、氧气、硫化氢等报警仪）”。

[案例] 某炼化公司硫化氢中毒事故

事故经过

2014 年 4 月 7 日零时 30 分，某炼化公司拆除低压瓦斯线上的盲板，阀门内漏，拆除盲板后瓦斯泄漏。作业人员孙某由于空气呼吸器佩戴不规范中毒晕倒，现场施救苏醒后孙某自行将面罩摘除，吸入高浓度硫化氢导致抢救无效死亡。

事故原因

作业人员孙某因佩戴正压式呼吸器不规范吸入硫化氢中毒晕倒；现场硫化氢浓度高，紧急抢救苏醒后摘除面罩，导致中毒死亡。

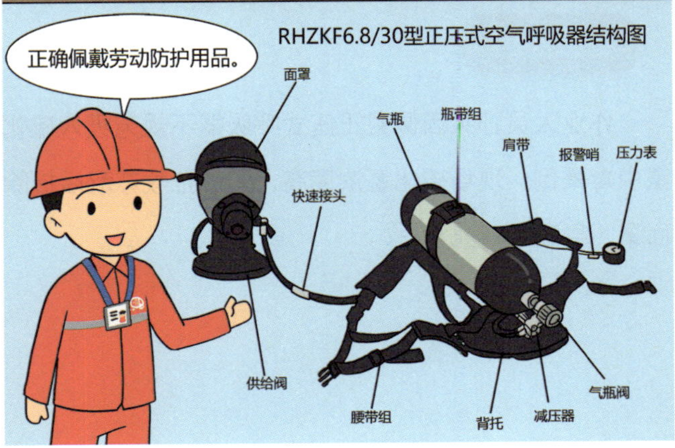

正确佩戴劳动防护用品。
RHZKF6.8/30型正压式空气呼吸器结构图
面罩
气瓶
瓶带组
肩带
报警哨
压力表
快速接头
供给阀
腰带组
背托
减压器
气瓶阀

05

Chapter Five

高处作业风险管控“十必问”

1. 必问是否已开展JSA风险分析，并制定相应程序和安全措施。

2. 必问作业人员身体是否符合要求，着装是否符合工作要求。

3. 必问作业人员是否佩戴符合要求的安全带。

4. 必问作业人员是否携带有工具袋，所用工具是否系有安全绳。

5. 必问使用的脚手架、吊笼、防护栏、梯子等是否符合安全要求。

6. 必问交叉作业是否已落实错时错位硬隔离要求。

7. 必问临边及洞口四周是否设置防护栏杆、警示标志或覆盖；垂直分层中间是否设有隔离设施。

8. 必问在石棉瓦等轻型材料上方作业时是否铺设牢固的脚手架。

9. 必问场所照明不足时，是否对作业环境设置照明设备，确保作业需要的能见度。

10. 必问 15m 以上进行高处作业是否配备通信、联络工具；邻近区域设备排放有毒、有害气体及粉尘允许浓度范围内的场合时，作业人员是否佩戴空气呼吸器或过滤式呼吸器。

1. 必问是否已开展 JSA 风险分析，并制定相应程序和安全措施。

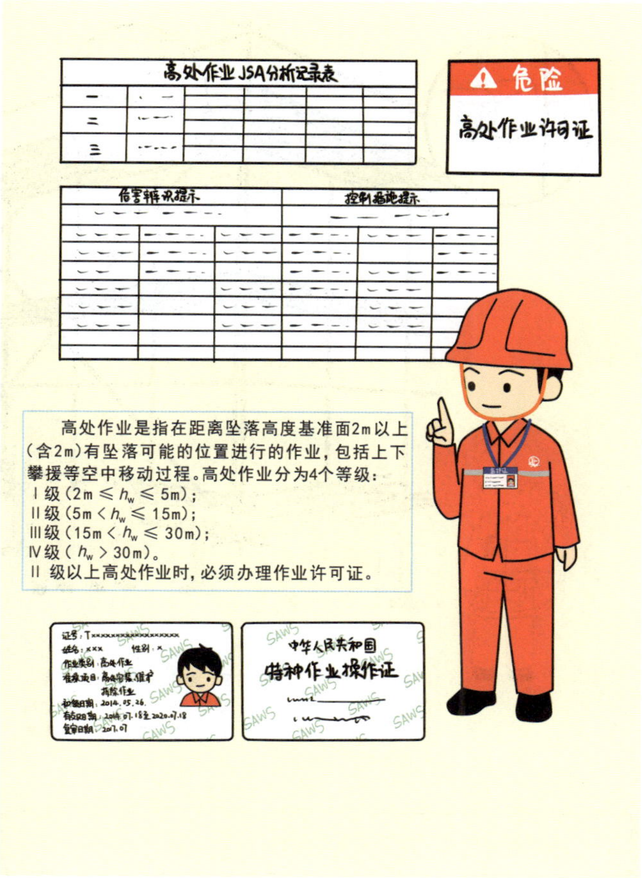

2. 必问作业人员身体是否符合要求，着装是否符合工作要求。

禁止：患有高血压、恐高症、癫痫、晕厥及眩晕症、器质性心脏病或各种心律失常、四肢骨关节及运动能障碍疾病等不适于高处作业疾患的人员，不得从事高处作业。

从事高处作业时必须设专人监护。

3. 必问作业人员是否佩戴符合要求的安全带。

15m 及以上高处作业应配备通信联络工具。

4. 必问作业人员是否携带有工具袋，所用工具是否系有安全绳。

5. 必问使用的脚手架、吊笼、防护栏、梯子等是否符合安全要求。

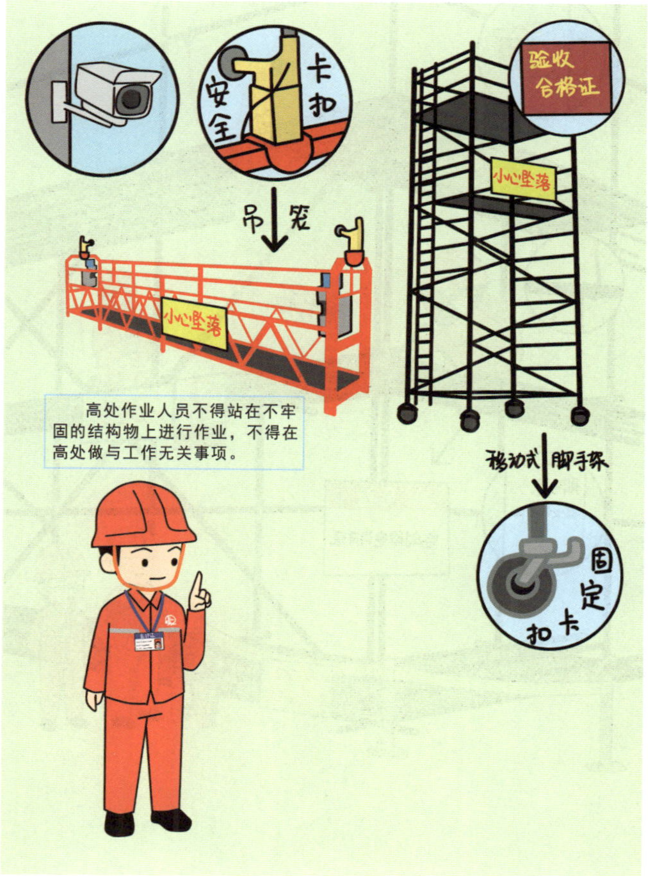

6. 必问交叉作业是否已落实错时错位硬隔离要求。

7. 必问临边及洞口四周是否设置防护栏杆、警示标志或覆盖；垂直分层中间是否设有隔离设施。

在邻近地区设有排放有毒、有害气体及粉尘超出允许浓度的烟囱及设备的场合，严禁进行高处作业。

高处作业严禁上下投掷工具、材料和杂物等，所用材料应堆放平稳，并设安全警戒区，安排专人监护。高处作业人员上下时手中不得持物。在同一坠落方向上，不得进行上下交叉作业，坠落高度超过24m的交叉作业，应设双层安全防护。

8. 必问在石棉瓦等轻型材料上方作业时是否铺设牢固的脚手架。

9. 必问场所照明不足时，是否对作业环境设置照明设备，确保作业需要的能见度。

10. 必问15m以上进行高处作业是否配备通信、联络工具；邻近区域设备排放有毒、有害气体及粉尘允许浓度范围内的场合时，作业人员是否佩戴空气呼吸器或过滤式呼吸器。

[案例] 某工程公司高处坠落事故

事故经过

2012 年 5 月 2 日，某工程公司员工在 29m 高平台铺设钢格栅，作业人员赵某与李某一起铺设钢格栅。铺设过程中发生错位，赵某重心前移，连同钢格栅一起坠落至下方 18.7m 的混凝土平台上，经医院抢救无效死亡。

事故原因

赵某未按规定系挂安全带。

安全带要
高挂低用。

06

Chapter Six

动土作业风险管控“十必问”

1. 必问是否已开展JSA风险分析，并制定相应程序和安全措施。

2. 必问是否备有可燃气体检测仪、有毒介质检测仪；现场夜间是否设有充足照明；作业人员是否已佩戴防护器具；动土范围内是否无障碍物并已在总图上做标记。

3. 必问地下电力电缆和地下通信电（光）缆、局域网络电（光）缆以及地下供排水、消防管线、工艺管线，是否已确认保护措施已落实。

4. 必问是否已按施工方案图划线和立桩。

5. 必问作业地点处于易燃易爆场所，需要动火时，是否已办理了用火作业许可。

6. 必问是否根据土壤性质、湿度和挖掘深度设置安全边坡和固定支撑。

7. 必问作业现场围栏、警戒线、告知牌、夜间警示灯是否已按要求设置。

8. 必问是否已进行放坡处理，泥土堆放位置、高度是否适当，是否防护下水道、窨井。

9. 必问人员进入口和撤离安全措施是否已落实（梯子或修坡道）。

10. 必问道路施工作业是否已报交通、消防、安全监督部门和应急中心。

1. 必问是否已开展 JSA 风险分析，并制定相应程序和安全措施。

动土作业是指在生产运行区域（含生产生活基地）的地下管道、电缆、电信、隐蔽设施等影响范围内，以及在交通道路、消防通道上进行的挖土、打桩、钻探、坑探地锚入土深度在 0.5m 以上的作业；使用推土机、压路机等施工机械进行填土或平整场地等可能对地下隐蔽设施产生影响的作业。

2. 必问是否备有可燃气体检测仪、有毒介质检测仪；现场夜间是否设有充足照明；作业人员是否已佩戴防护器具；动土范围内是否无障碍物并已在总图上做标记。

动土作业涉及到用火、临时用电、进入受限空间等特殊作业时，应办理相应的作业许可证。

3. 必问地下电力电缆和地下通信电（光）缆、局域网络电（光）缆以及地下供排水、消防管线、工艺管线，是否已确认保护措施已落实。

动土前，施工单位应对所有作业人员进行安全教育和安全技术交底；作业人员在作业中应按规定着装和佩戴劳动防护用品。动土作业过程中施工单位应设专人监护。

4. 必问是否已按施工方案图划线和立桩。

使用机械时，作业人员不应进入机械旋转半径内。

在消防主干道上的动土作业，必须分步施工，确保消防车顺利通行。如影响消防通道，必须向上级主管部门与消防主管部门报告。

5. 必问作业地点处于易燃易爆场所，需要动火时，是否已办理了用火作业许可。

挖掘坑、槽、井、沟等作业，不应在土壁上挖洞攀登；不应在坑、槽、井、沟上端边沿站立、行走；拆除固壁支撑应从下而上，更换支撑应先装新的，再拆旧的；不应在坑、槽、井、沟内休息；使用机械挖掘时，作业人员不应进入机械旋转半径内。

6. 必问是否根据土壤性质、湿度和挖掘深度设置安全边坡和固定支撑。

7. 必问作业现场围栏、警戒线、告知牌、夜间警示灯是否已按要求设置。

8. 必问是否已进行放坡处理，泥土堆放位置、高度是否适当，是否防护下水道、窨井。

使用的材料、挖出的泥土应堆放在距坑、槽、井、沟边沿至少 0.8m 处，堆土高度不得大于 1.5m。挖出的泥土不应堵塞下水道和窨井；在动土开挖过程中应采取防止滑坡和塌方措施。

9. 必问人员进入口和撤离安全措施是否已落实（梯子或修坡道）。

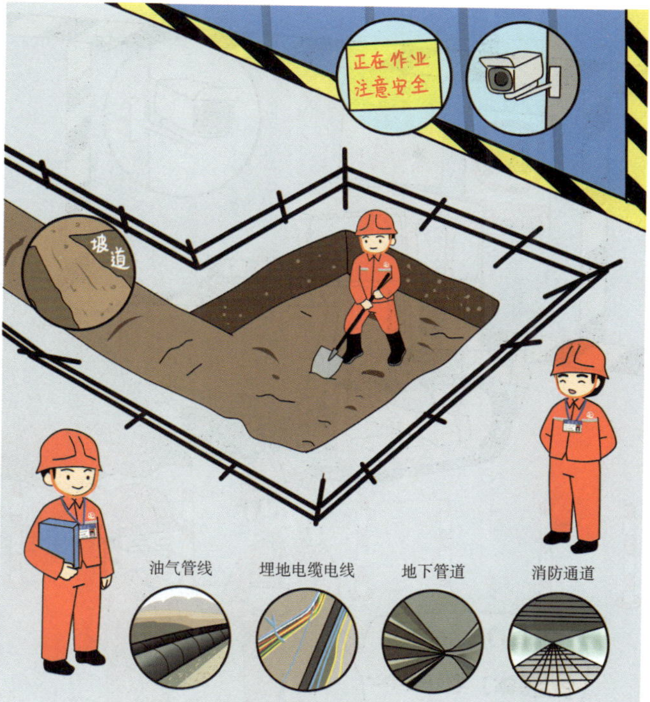

当地下有管线、电缆、管道或施工阻碍消防通道时，应告知相关单位。

在动土开挖过程中，出现滑坡、塌方或其他险情时，要做到：立即停止作业；先撤出作业人员及设备；挂出明显标志的警告牌，夜间设警示灯；划出警戒区，设置警戒人员，日夜值勤；通知设计、工程建设和安全等有关部门，共同对险情进行调查处理。

10. 必问道路施工作业是否已报交通、消防、安全监督部门和应急中心。

动土临近地下隐蔽设施时，应使用适当工具挖掘，避免损坏地下隐蔽设施。

［案例］某市地下管道爆炸事故

事故经过

2010 年 7 月 28 日，某市建设工程公司在进行原塑料厂旧址拆迁土地平整过程中，挖掘机挖穿了地下丙烯管道。丙烯泄漏后气体遇明火爆燃，造成 13 人死亡。

事故原因

相关人员未进行安全技术交底，施工人员擅自开挖地下管道，现场盲目指挥。

未进行安全技术交底，
禁止作业！

07

Chapter Seven

起重作业风险管控“十必问”

1. 必问是否已开展JSA风险分析，并制定相应程序和安全措施。

2. 必问作业前是否按规定进行安全技术交底，作业人员是否穿戴合格的劳动防护用品。

3. 必问是否做到“正式起吊前应进行试吊，检查全部机具、地锚受力情况；发现问题，应先将工件放回地面，待故障排除后重新试吊；确认一切正常后，方可正式吊装”。

4. 必问作业现场是否设定警戒线，禁止无关人员进入警戒区域。

5. 必问起重作业人员、指挥人员、司索人员是否持有有效的资格证书；指挥人员是否佩戴鲜明的标志，并按规定的联络信号统一指挥；作业人员是否坚守岗位。

6. 必问是否做到“起重人员必须按规定的信号指挥，操作人员应清楚吊装方案和指挥信号”。

7. 必问起重指挥人员是否严格执行吊装方案，发现问题及时与编制人协商解决。

8. 必问是否做到“吊装过程中出现故障，起重操作人员应立即向指挥人员报告；没有指令，任何人不得擅自离开岗位”。

9. 必问是否做到“起吊就位前，不得解开吊装索具”。

10. 必问是否做到“利用轮胎履带和桥式起重机等定型起重机械进行吊装作业时，还应遵守定型起重机械的操作规程”。

1. 必问是否已开展 JSA 风险分析，并制定相应程序和安全措施。

2. 必问作业前是否按规定进行安全技术交底，作业人员是否穿戴合格的劳动防护用品。

3. 必问是否做到“正式起吊前应进行试吊，检查全部机具、地锚受力情况；发现问题，应先将工件放回地面，待故障排除后重新试吊；确认一切正常后，方可正式吊装”。

4. 必问作业现场是否设定警戒线，禁止无关人员进入警戒区域。

5. 必问起重作业人员、指挥人员、司索人员是否持有有效的资格证书；指挥人员是否佩戴鲜明的标志，并按规定的联络信号统一指挥；作业人员是否坚守岗位。

起重操作人员：
⑤吊物捆绑、吊挂不平或不平衡可能造成滑动，吊物棱角处与钢丝绳、吊索或吊带之间未加衬垫时，不得进行起重操作。⑥无法看清场地、吊物情况和指挥信号时，不得进行起重操作。

司索人员：
④禁止人员随吊物起吊或在吊钩、吊物下停留；因特殊情况需进入悬吊物下方时，应事先与指挥人员和起重操作人员联系，并设置支撑装置。任何人不得停留在起重机运行轨道上。

6. 必问是否做到“起重人员必须按规定的信号指挥，操作人员应清楚吊装方案和指挥信号”。

7. 必问起重指挥人员是否严格执行吊装方案，发现问题及时与编制人协商解决。

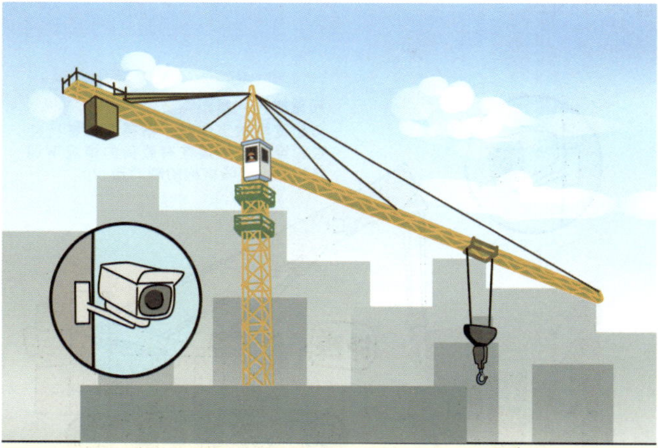

起重操作人员：

⑧起重机械及其臂架、吊具、辅具、钢丝绳、缆风绳和吊物不得靠近高低压输电线路。确需在输电线路近旁作业时，必须按规定保持足够的安全距离。否则，应停电进行起重作业。

起重机械、吊索、吊具及设备与架空输电线路间的最小安全距离：

项目	输电导线电压/kV						
	< 1	10	35	110	220	330	500
安全距离/m	2.0	3.0	4.0	5.0	6.0	8.0	8.5

8. 必问是否做到“吊装过程中出现故障，起重操作人员应立即向指挥人员报告；没有指令，任何人不得擅自离开岗位”。

9. 必问是否做到“起吊重物就位前，不得解开吊装索具”。

10. 必问是否做到“利用轮胎、履带和桥式起重机等定型起重机械进行吊装作业时，还应遵守定型起重机械的操作规程”。

起重作业完毕后：

①将吊钩和起重臂放到规定的稳妥位置，所有控制手柄均应放到零位，对使用电气控制的起重机械，应将总电源开关断开。②对在轨道上工作的起重机应有效锚定。③将吊索、吊具收回放置于规定的地方，并对其进行检查、维护、保养。④应告知接替工作人员设备、设施存在的异常情况及尚未消除的故障。⑤对起重机械进行维护保养时，应切断主电源并挂上标志牌或加锁。

[案例] 某公司起重伤害事故

事故经过

某运输公司一辆 20t 加腾吊车，在钻井队井架搬迁起吊钻杆时，绳套突然断裂，钻杆落下，将钻井队一名技术员击伤，送医院抢救无效死亡。

事故原因

起吊重物前，未按规定检查绳套并进行试吊；在吊物下有人。

起重臂下严禁站人！
正在作业
注意安全
正在作业
注意安全

08

Chapter Eight

盲板抽堵作业风险管控“十必问”

1. 必问是否已开展JSA风险分析，并制定相应程序和安全措施。

2. 必问是否已向作业人员书面作业交底与培训；相关岗位是否知晓作业；作业人员是否持证上岗；高处作业是否已办理登高作业许可证。

3. 必问作业现场与控制室是否通风畅通；是否已关闭盲板抽堵作业点上下游阀门；盲板是否按编号挂牌；甲方监护人是否现场全程监护。

4. 必问是否做到“距作业点30m内不得有物料排放、采样、动火等作业”。

5. 必问盲板抽堵作业点介质是否已排放、泄压；在介质温度过高或过低时，是否有防烫或防冻措施。

6. 必问有毒介质，是否已佩戴正压式呼吸器，并检查备用呼吸器状况良好。

7. 必问是否做到“对于腐蚀性介质，佩戴防酸碱护目镜或面罩等；对于强腐蚀性介质，应穿戴全身性的防腐蚀防护用品且备用 防护用品状况良好”。

8. 必问是否做到“对于易燃易爆介质，穿防静电工作服和工作鞋，使用防爆灯具和防爆工具，禁止用铁器等黑色金属敲打，并以水雾稀释”。

9. 必问对于必须带压（高于规定）等危险性大的作业，是否制定专项预案。

10. 必问是否做到“同一管道上未同时进行两处或两处以上的作业”。

1. 必问是否已开展 JSA 风险分析，并制定相应程序和安全措施。

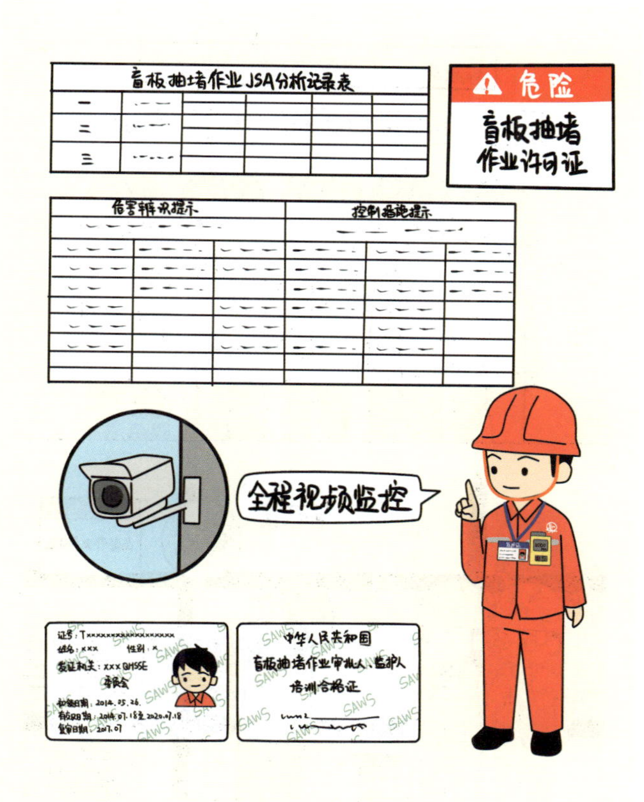

2. 必问是否已向作业人员书面作业交底与培训；相关岗位是否知晓作业；作业人员是否持证上岗；高处作业是否已办理登高作业许可证。

3. 必问作业现场与控制室是否通风畅通；是否已关闭盲板抽堵作业点上下游阀门；盲板是否按编号挂牌；甲方监护人是否现场全程监护。

4. 必问是否做到“距作业点 30m 内不得有物料排放、采样、动火等作业”。

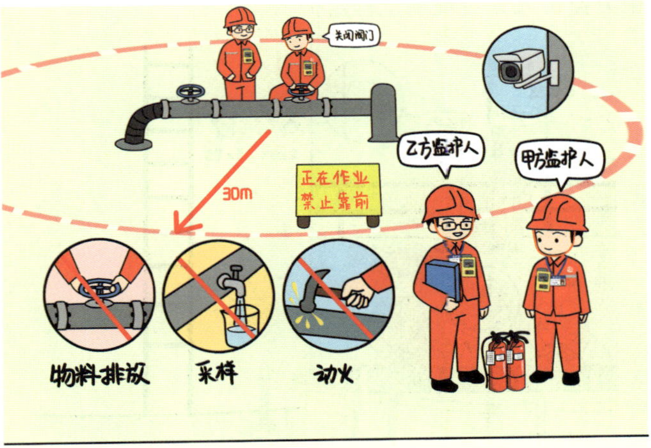

盲板的选用要求

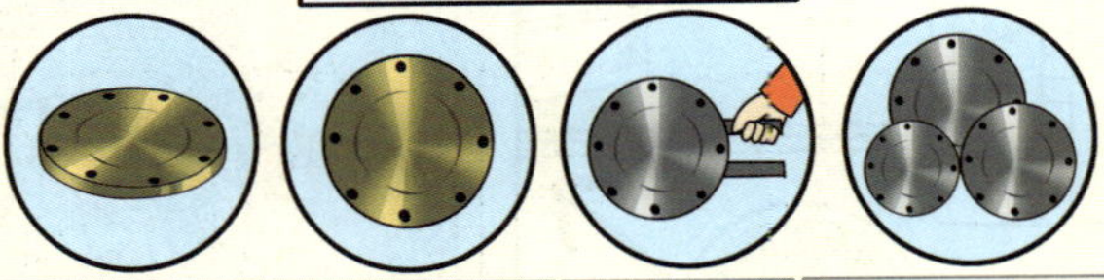

选材合适	选材合适	便于操作	盲板垫片要求
盲板选材要适宜、平整、光滑、经验查无裂纹和孔洞，高压盲板应经探伤合格。	盲板的直径应依据管道法兰密封直径制作，厚度要经强度计算。	盲板应有一个或两个手柄，便于辨识、压堵。	应按管道内介性质、抽力、温度选用合适的材料做盲板垫片。

在盲板抽堵作业点流程的上下游应有阀门等有效隔断；盲板应加在物料来源阀门的另一侧，盲板两侧都要安装合格垫片，所有螺栓必须紧固到位。

5. 必问盲板抽堵作业点介质是否已排放、泄压；在介质温度过高或过低时，是否有防烫或防冻措施。

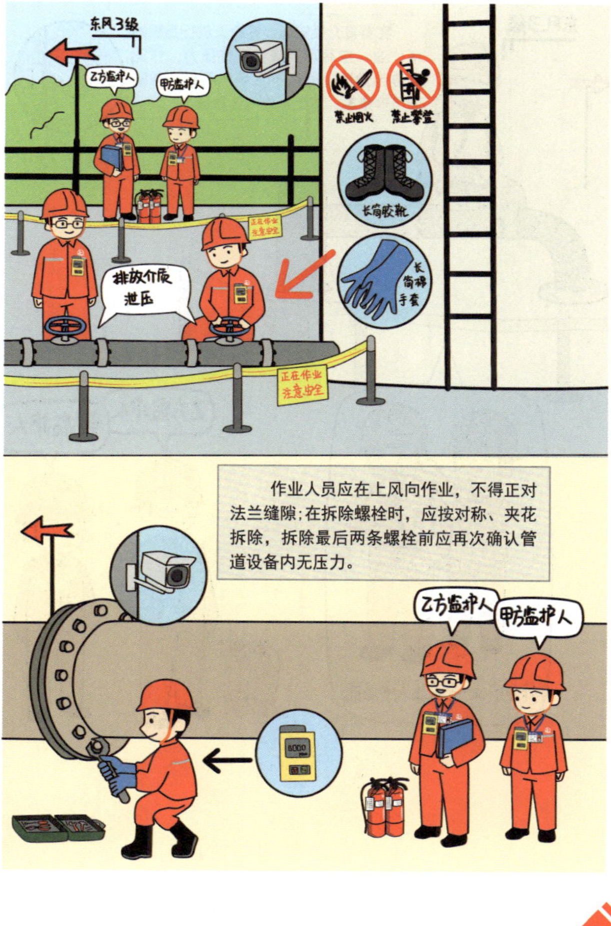

6. 必问有毒介质，是否已佩戴正压式呼吸器，并检查备用呼吸器状况良好。

7. 必问是否做到“对于腐蚀性介质，佩戴防酸碱护目镜或面罩等；对于强腐蚀性介质，应穿戴全身性的防腐蚀防护用品且备用防护用品状况良好”。

作业人员在介质为有毒有害(硫化氢、氨、苯等高毒及含氰剧毒品等)、强腐蚀的情况下作业时，禁止带压操作，且必须佩带便携式气体检测仪，佩戴空气呼吸器等个人防护用品。作业现场应备有一套以上符合要求且性能完好的空气呼吸器等防护用品。

8. 必问是否做到“对于易燃易爆介质，穿防静电工作服和工作鞋，使用防爆灯具和防爆工具，禁止用铁器等黑色金属敲打，并以水雾稀释”。

9. 必问对于必须带压（高于规定）等危险性大的作业，是否制定专项预案。

10. 必问是否做到“同一管道上未同时进行两处或两处以上的作业”。

［案例］某市化肥厂高温高压气体灼烫事故

事故经过

2015 年 3 月 3 日，某市化肥厂作业人员赵某、张某在拆除盲法兰螺栓时，发生大量高温高压气化原料气从拆开的法兰口喷出，赵某、张某被高温高压的气流灼烫、冲击，严重受伤，经抢救无效死亡；王某去查看情况时，发生坠落受伤死亡。

事故原因

违规指挥拆除盲法兰，致使高温高压原料气瞬间喷出；在现场情况不明的情况下，盲目核查，造成事故伤亡扩大。

高压、灼烫、危险！
盲板抽堵带压作业
专项预案
1、
2、
3、
盲板抽堵带压作业，必须制定专项预案！